Sara Gutiérrez Caballero

RECETAS
FÁCILES
con
aguacate

Sara Gutiérrez Caballero

RECETAS FÁCILES con aguacate

SÁCALE TODO EL PARTIDO A ESTE FRUTO REPLETO DE GRASAS SALUDABLES CON ESTAS RECETAS TAN SENCILLAS COMO EXQUISITAS

Cocina, dietética y nutrición • Editorial Arcopress
Directora editorial: Isabel Blasco
Maquetación: Fernando de Miguel

Imprime: Lince Artes Gráficas
ISBN: 978-84-17828-06-6
Depósito Legal: CO-1002-2019
Hecho e impreso en España - *Made and printed in Spain*

Índice

Para abrir boca

El origen del aguacate es resbaladizo como su pulpa y tan antiguo como el plumaje sagrado del quetzal. Algunos estudiosos lo sitúan en una zona comprendida entre México y Perú, y otros, en Las Antillas, aunque recientes descubrimientos arqueológicos apuntan al valle de Tehuacán, al sureste de Puebla, esa ciudad mejicana rebosante de universidades, de iglesias barrocas y de azulejos de Talavera. Así que lo más probable es que naciera en los nublados bosques del trópico y que fueran los aztecas quienes lograran sus variedades comestibles. De ahí su nombre, proviniente de la palabra nativa «ahuacatl», que quiere decir «testículo», tal vez porque crecen en pareja y colgando, y porque se le atribuían poderes de fertilidad.

Como tantos otros tesoros culinarios traídos de Las Indias, el aguacate se dio a conocer en Europa por los españoles, en este caso a través del marino y escritor sevillano Martín Fernández de Enciso, quien en 1519 lo describió por primera vez en su obra *Suma de Geografía*, que trata de todas las partidas y provincias del mundo. Desde entonces, la fama de este fruto verdoso de sabor delicado y de textura

palpitante, aterciopelada y sensual no ha hecho más que crecer y crecer hasta convertirse en un alimento cotidiano, de tal manera que casi hemos olvidado su origen exótico.

En la actualidad se cultivan aguacates en medio planeta: desde México hasta Israel y Nueva Zelanda, pasando por España y Perú. Sin embargo, la variedad Hass, creada en 1926 por Rudolph Hass, un cartero de Pasadena (California), es la más cosechada del mundo y la que lanzó al estrellato el preciado aguacate. Casi con seguridad por su excepcional sabor y porque tiene una vida más larga en las estanterías.

Desde hace veinte años comenzó una era de fanatismo sin precedentes en Estados Unidos por este fruto. Posiblemente porque está repleto de potasio, de fibra y de

En la página anterior, Rudolph Hass posando junto con su madre y su aguacatero, llamado el «árbol madre», con el que obtuvo mediante injerto la variedad «Hass», y del que proceden aproximadamente el 80% de los aguacates estadounidenses actuales. Debajo, primer vuelo de exportación de los frutos desde California. Arriba, postal con una imagen de los cultivos californianos.

grasas monoinsturadas y también porque transforma cualquier comida mediocre en un manjar.

Primero lo popularizó la Super Bowl (el campeonato de fútbol americano) durante la década de los noventa, momento en que empezó a consumirse el guacamole de forma masiva como acompañante para patatas fritas y nachos. Después vinieron los dos espaldarazos definitivos. Uno se lo dio el popularísimo Cafe Gitane de Manhattan, que puso de moda entre los neoyorquinos sus platos con aguacate. El otro fue obra de la actriz de Hollywood, Gwyneth Paltrow, al incluir en su famoso libro de cocina, *It's all good*, una receta de tostada con aguacate que lo convierte en el rey de la mesa contemporánea. De hecho, no hay entrevista en la que no le pregunten por tan celebrada receta.

A partir de entonces la moda se extendió a países como Australia y el Reino Unido, y de ahí al resto de Europa, donde se consumen unas 5.500 toneladas semanales.

Y si bien es verdad que en muchas ocasiones se sigue preparando al estilo criollo, lo cierto es que la cocina moderna tiende a combinarlo con ingredientes tradicionalmente reservados para otro tipo de platos, en una fusión de sabores que abre caminos gastronómicos aún sin explorar.

En la página anterior, la famosa tostada de aguacate del Café Gitane de Nueva York. Debajo, nachos con salsa guacamole, un clásico frente a la tele en EE. UU.

Variedades y características

El aguacate es una fruta, específicamente una baya de una sola semilla. Sus características varían según la zona de procedencia o la época de recolección. Se puede adquirir durante todo el año.

Los aguacates crecen en el árbol, pero sólo maduran una vez cosechados. Pueden tardar de unos días a dos semanas para que maduren de forma natural a temperatura ambiente. Un aguacate maduro puede aguantar en la nevera varios días.

La parte de la pulpa de color verde oscuro más pegada a la cáscara es la más nutritiva. Por ello, mejor que sacar la pulpa con una cuchara, es quitar la piel del aguacate porque de ese modo se aprovecha la mayor parte de los fitonutrientes.

En la actualidad se cultivan más de mil variedades en el mundo. La más cosechada es la «Hass». El segundo lugar lo ocupa la variedad «Fuerte». Aquí, por razones obvias, sólo vamos a mencionar las más conocidas:

BACON: tiene la piel fina y la textura cremosa. Es perfecto para hacer guacamole.

FUERTE: con forma de pera, su tamaño es mayor que los demás. Tiene la piel ligeramente áspera con pequeños puntos amarillos y la semilla es pequeña. Debido a que madura rápido, es recomendable cocinarlo en sopas o cremas y lo más pronto posible.

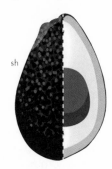

HASS: con forma de pera y tamaño mediano, tiene la piel rugosa y verde oscura y cuando madura se vuelve de color morado. Tiene muy buen sabor, más intenso que las otras variedades. El aguacate Hass es un cruce entre la especie mexicana y guatemalteca.

LAMB HASS: es similar al Hass, sólo que más ancho y de color negro.

REED: se distingue de los demás porque su forma es redonda, y su piel verde claro, fácil de quitar. La pulpa es color crema con un rico y ligero sabor a nuez. Es el mejor para preparar aguacates rellenos.

PINKERTON: con forma de pera, de tamaño medio, es el más largo, con una piel bastante gruesa y la semilla pequeña. Su pulpa es cremosa. Es ideal para prepararlo a taquitos o rodajas.

ZUTANO: de piel muy brillante y fina, tiene color verde claro y una semilla mediana. Su textura es muy blanda y con poco sabor, por lo que es recomendable incluirlo en platos que no requieran sabores añadidos.

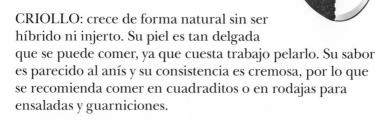

CRIOLLO: crece de forma natural sin ser híbrido ni injerto. Su piel es tan delgada que se puede comer, ya que cuesta trabajo pelarlo. Su sabor es parecido al anís y su consistencia es cremosa, por lo que se recomienda comer en cuadraditos o en rodajas para ensaladas y guarniciones.

NABAL: es casi redondo, de tamaño mediano a grande. Tiene la cáscara dura, casi lisa y adherida a la pulpa. Masa de alta calidad. Se recomienda para hacerlo relleno debido a la consistencia que posee.

Cómo escoger, madurar y conservar el aguacate perfecto

En primer lugar hay que fijarse en el color de la piel. Aunque el color del aguacate no siempre indica su grado de maduración, por lo general los de piel oscura suelen estar más maduros que los de la piel más clara. También es importante observar con cuidado el exterior por si tuviera manchas, puntos negros, bollos o aplastamientos, en cuyo caso hay que desecharlo, porque indican que la fruta está dañada.

El siguiente paso es colocar el aguacate en la palma de la mano y apretar con suavidad, sin usar la punta de los dedos para no deteriorarlo. Básicamente, nos lo podemos encontrar en cuatro estados:

VERDE: aún está duro al presionarlo con suavidad y su color es verde claro. Madurará en cuatro o cinco días a temperatura ambiente. Se puede acelerar su maduración envolviéndolo en papel de periódico junto con un plátano o una manzana.

FIRME: puede variar de color, pero al presionarlo su consistencia aún está poco suave. Estará listo para comer en uno o dos días a temperatura ambiente.

MADURO: lo normal es que sea de color verde oscuro, pero puede variar. La pulpa está suave, cediendo al presionarlo levemente. Lo ideal es comerlo el mismo día, pero se puede guardar en la nevera como mucho un par de días más, teniendo en cuenta que el aguacate no soporta temperaturas muy bajas.

PASADO: su color suele ser muy oscuro y brillante, tirando a morado, y demasiado blando al tacto, como si estuviera derretido por dentro. Lo mejor es desecharlo porque estará rancio e incomible.

Para evitar que el aguacate una vez cortado se oxide, lo mejor es rociarlo con zumo de limón, zumo de lima o vinagre blanco y después tapar por completo el recipiente con papel film para resguardarlo del aire.

Otro método también muy efectivo, aunque menos popular, para evitar que el aguacate se ponga negro es cortar en juliana media cebolla morada y ponerla en una fiambrera, colocar encima de la cebolla picada el medio aguacate que nos haya sobrado, con cáscara y hueso, sin que la pulpa del aguacate entre en contacto con la cebolla, tapar el recipiente y meterlo en la nevera. Se conservará en buenas condiciones durante dos o tres días.

Maridaje

De un tiempo a esta parte, al arte de combinar los alimentos con las bebidas se le llama maridaje, tal vez porque los gurús de los fogones consideran, no sin razón, que es parecido al matrimonio. Algo así como que el éxito entre el comer y el beber reside en encontrar la pareja perfecta para que ambos elementos se acompañen mutuamente.

Según los expertos, cada alimento provoca siempre tres tipos de sensaciones: gustativas (amargo, salado, dulce y ácido), táctiles (textura y temperatura) y sápidas (los olores que percibimos por la nariz y por la boca se convertirán en sabores). Las que atrapan nuestra atención y crea una especie de enamoramiento son las táctiles o las gustativas.

En el caso del aguacate, es fácil comprobar que éste contiene un par de aromas tan sutiles que no logran cautivarnos del todo pero, sin embargo, la sensación táctil, a la hora de probarlos, es la razón por la cual quedamos encantados.

Para maridarlo, los paladares más selectos recomiendan vinos con una acidez fresca como el Champagne o el Chablis. Sin embargo, coinciden en que la mejor combinación posible es el Gewürztraminer de Alsacia, que se caracteriza por una acidez baja.

Y aunque, como todo en este mundo, el maridaje entre vinos y comidas al final depende del gusto personal, siempre es bueno guiarse por algunas recomendaciones como las siguientes:

- — Con ensaladas verdes: un muscadet es perfecto.
- — Con ensaladas con ingredientes calentitos: champagne, cava u otro espumoso.
- — Con salsas cremosas y mariscos: escoger un vino con acidez. La manzanilla de Sanlúcar resulta ideal.
- — Con pollo o pescado: vino blancos secos.
- — Con comida picante: cerveza de corte ácido tipo Coronita o un vino blanco seco.
- — Con comida muy especiada: vinos tintos.

Recetas

Canapés y aperitivos

Chupitos de guacamole con tartar de salmón

Ingredientes

300 g de salmón ahumado.
1 cucharada sopera de alcaparras.
3 pepinillos.

3 huevos duros.
1 cebolleta.
1 tomate.
1 cucharadita de salsa Perrins.

Para el guacamole

2 aguacates.
Sal.
Pimienta.
3 cucharadas de aceite de oliva virgen extra.

El zumo de ½ limón.
3 gotas de tabasco (opcional).
1 cebolleta.

Preparación

— Para el guacamole, triturar la pulpa de los aguacates, la sal, la pimienta, el zumo de limón y el aceite de oliva y reservar.

— Picar el salmón, los pepinillos, los huevos duros y la cebolleta, y mezclar todo.

— Aliñar esta mezcla con la salsa Perrins.

— Pelar el tomate, cortarlo en cuadraditos y aliñarlos con aceite y sal.

— Servir en vasitos rellenos del guacamole y cubrir con el salmón y los dados de tomate aliñados.

Hummus de aguacate

Ingredientes

1 bote de garbanzos cocidos.
La pulpa de un aguacate.
1 diente de ajo.
El zumo de medio limón.
2 cucharadas soperas de aceite de oliva virgen extra.

1 cucharadita de pimentón dulce de La Vera.
Sal.
Pimienta negra molida.

Preparación

— Poner en el vaso de la batidora todos los ingredientes y batir hasta conseguir una textura homogénea y cremosa.
— Servir rociado con aceite de oliva y espolvoreado con un poco de pimentón.

Blinis con aguacate, queso y huevas

Ingredientes

1 paquete de blinis.
1 aguacate.
200 g de queso crema.
Huevas de salmón.

Huevas de mújol.
1 lima.
Cebollino picado.
Sal y pimienta.

Preparación

— Triturar la pulpa del aguacate con el zumo de una lima, sal y pimienta.
— Sobre cada blini, poner una cucharada de queso crema y otra de aguacate.
— Terminar colocando por encima las huevas y el cebollino.

Paté de aguacate

Ingredientes

1 aguacate maduro.
1 lata de atún en aceite de oliva.
2 cucharadas soperas de mayonesa.

1 cucharadita de salsa de tomate.
Sal y pimienta al gusto.

Preparación

— Aplastar la pulpa del aguacate con un tenedor hasta que quede como una crema, añadir una pizca de sal y otra de pimienta y remover.
— Desmenuzar el atún y mezclarlo con el aguacate.
— Añadir la mayonesa y la salsa de tomate.
— Removerlo todo y verterlo en un bol.
— Dejar en la nevera durante una hora.
— Servir con tostadas de pan de molde triangulares.

Banderillas de salmón ahumado y aguacate

Ingredientes

300 g de salmón ahumado cortado en daditos de ½ centímetro.

Un aguacate maduro cortado en daditos de igual tamaño.

El zumo de un limón.

Aceite de oliva virgen extra.

Palillos de bambú para las banderillas.

Hierbas aromáticas.

Sal.

Preparación

— Montar las banderillas intercalando el salmón y el aguacate en un total de siete daditos en cada palillo.

— Colocar en la base de una fuente las hierbas aromáticas.

— Disponer encima las banderillas.

— Rociarlas con el zumo de limón, el aceite de oliva y la sal.

Moldecitos de aguacate

Ingredientes

5 aguacates.

3 cucharadas soperas de mayonesa.

1 cucharada sopera de vinagre de Módena.

1 cucharadita de sal.

½ taza de nata líquida.

2 huevos duros muy picados.

1 cucharada sopera de aceite de oliva.

½ cucharadita de salsa Perrins.

5 hojas de cola de pescado.

Aceitunas rellenas.

Varias hojas de lechuga.

Preparación

— Pasar muy bien por la batidora todos los ingredientes menos las aceitunas y la lechuga.
— Verter esta mezcla en moldecitos húmedos.
— Dejar en la nevera hasta que cuajen.
— Colocar las hojas de lechuga en una fuente.
— Disponer encima los flanecitos desmoldados.
— Decorar con un copete de mayonesa y una aceituna rellena.

Carpaccio de atún ahumado con salsa de aguacate

Ingredientes

100 g de atún ahumado en lonchas.	1 cucharadita de aceite de oliva virgen extra.
1 aguacate.	Cebollino picado para decorar.
1 cucharadita de zumo de limón.	1 puñadito de almendras.
	Sal.

Preparación

— Poner en el vaso de la batidora la pulpa del aguacate, el zumo de limón, el aceite de oliva y una pizca de sal. Triturar hasta obtener una crema fina.
— Tostar las almendras en una sartén sin engrasar.
— Colocar en el fondo de una fuente la salsa de aguacate y alrededor las lonchas de atún ahumado. Decorar con el cebollino, las almendras y un chorrito de aceite de oliva.

Salsas, cremas y mousses

Salsa de aguacates con nueces

Ingredientes

1 aguacate mediano picado.
1 cucharada sopera de nueces.
1/2 diente de ajo.
1 cucharada sopera de perejil.

1 taza y media de yogur natural.
Aceite de oliva virgen extra.
Sal y pimienta al gusto.

Preparación

— Triturar todos los ingredientes en la batidora hasta que estén bien mezclados.
— Poner por encima un chorrito de aceite de oliva virgen extra.
— Servir con pollo o asados en general.

Vinagreta de aguacate

Ingredientes

1 Aguacate maduro en puré.
½ taza de aceite de oliva.
½ taza de vinagre.
1 cda. sopera de zumo de limón.

1 cucharada sopera de perejil muy picado.
Sal y pimienta al gusto.

Preparación

— Mezclar el aceite, el vinagre y el limón.
— Añadir el aguate y mezclar bien.
— Servir frío para aderezar ensaladas.

Mayonesa
de aguacate

Ingredientes

2 aguacates maduros.
6 cucharadas de mayonesa.

El zumo de medio limón.

Preparación

— Batir la pulpa de aguacate junto con el zumo de limón y la mayonesa.
— Servir bien fría.

Salsa de pimiento
y aguacate

Ingredientes

1 pimiento grande asado.
1 tomate grande asado.
2 aguacates cortados en
cuadraditos.

1 cucharada sopera de cebolleta
picada.
1 cucharada de aceite de oliva.
Orégano y sal al gusto.

Preparación

— Triturar todos los ingredientes en la batidora.
— Servir como guarnición o con tostaditas.

Sopa fría de aguacate al curry

Ingredientes

3 aguacates medianos.
30 g de mantequilla.
1 cebolla grande finamente picada.
1 cucharada de polvo curry.
½ litro de caldo de pollo.
½ vaso de vino blanco seco.

1 cucharadita de zumo de limón.
3 gotas de tabasco (opcional).
30 g de nata líquida.
1 pizca de azúcar.
Sal al gusto.

Preparación

— Pochar la cebolla en la mantequilla a fuego lento durante ocho minutos.
— Añadir el polvo de curry.
— Seguir la cocción durante cinco minutos sin dejar de remover.
— Retirar del fuego y agregar lentamente el caldo de pollo, mezclando bien.
— Poner de nuevo en el fuego, removiendo hasta que hierva otra vez, y dejar hervir durante un minuto.
— Retirar del fuego y dejar enfriar.
— Trocear la pulpa del aguacate, añadir el limón, el tabasco, la sal y el azúcar y verter en el caldo.
— Pasar todo por la batidora hasta obtener un puré fino.
— Dejar la mezcla en la nevera durante una hora.
— A la hora de servir, agregar la nata.
— Decorar con finas rodajas de limón y perejil finamente picado.

Gazpacho de remolacha con picadillo de jamón y aguacate

Ingredientes

1 kilo de tomates rojos y maduros.

1 aguacate cortado en daditos.

1 remolacha cocida.

1 pimiento verde.

1 cebolleta.

1 ramillete de cilantro fresco.

50 g de piñones.

50 g de jamón serrano en lonchas muy finas.

8 cucharadas soperas de aceite de oliva.

3 cucharadas soperas de vinagre de Jerez.

Sal.

Preparación

— Lavar y cortar todas las verduras, menos el aguacate, y pasar por la batidora.

— Tamizar pasando la mezcla por el chino.

— Añadir sal al gusto.

— Añadir el aceite, el vinagre y remover bien.

— Añadir unos trozos de hielo.

— Enfriar en la nevera durante unas horas.

— Cortar el jamón en juliana.

— Servir en tazas individuales, poniendo por encima el jamón, los piñones, los daditos de aguacate y un poco de cilantro.

Mousse de aguacate
con gambas

Ingredientes

½ kilo de gambas cocidas.
1 taza del caldo de haber cocido
las gambas.
½ rama de cilantro finamente
picada.
2 aguacates.
1 tomate verde.

1 tomate rojo sin semillas y
picado en daditos.
½ cebolla picada muy fina.
2 sobres de gelatina sin sabor.
200 g de queso cremoso.
3 gotas de salsa Worcestershire.

Preparación

— Calentar el caldo de las gambas.
— Disolver la gelatina en una taza con dos cucharadas de agua
fría hasta formar una pasta uniforme.

— Añadir la gelatina disuelta al caldo de gambas.
— Retirar del fuego.
— Pasar por la batidora el queso, la mitad de las gambas, el aguacate y el tomate verde.
— En un bol aparte, añadir a esta crema el caldo, la cebolla picada, la salsa Worcestershire, el tomate rojo picado, el cilantro y la otra mitad de las gambas. Mezclar bien.
— Colocar en un molde de rosca o en moldes individuales.
— Meter en la nevera cuatro horas.
— Al servir, acompañar con tostaditas triangulares.

Carabineros confitados sobre *mousse* de aguacate

Ingredientes

2 aguacates.	Albahaca.
El zumo de 1 limón.	1 diente de ajo.
½ yogur natural.	Cebollino.
3 claras de huevo.	3 guindillas.
12 carabineros.	Sal.
½ l de aceite de oliva virgen extra.	

Preparación

— Calentar el aceite, las ramas de albahaca, el diente de ajo machacado, unas ramas de cebollino, las guindillas machacadas y un poco de sal.
— Cuando empiece a hervir, verterlo sobre los carabineros.
— Triturar los aguacates con el limón y el yogur.
— Montar las claras con una pizca de sal y añadirlas al aguacate.
— Servir los carabineros con la *mousse*.

Crema de aguacate
con mejillones

Ingredientes

2 aguacates.	*4 mejillones en escabeche*
1 yogur griego sin azúcar.	*grandes, de lata.*
1 chorrito de nata de cocinar.	*2 cdas. de crema de queso.*
El zumo de una lima.	*Cilantro.*
2 cucharadas de aceite de oliva	*½ tomate.*
virgen extra.	*1 cebolleta.*

Preparación

— Poner en un bol la pulpa de los aguacates, el yogur, las dos cucharadas de queso, una cucharada de nata de cocinar, el zumo de la lima y el aceite de oliva.

— Triturar todos los ingredientes hasta conseguir una textura suave y cremosa.
— Picar los mejillones y colocar sobre la crema.
— Adornar con cebolleta picada y el tomate a cuadraditos.
— Espolvorear con cilantro.

Ensaladas

Ensalada caprichosa

Ingredientes

2 aguacates grandes cortados en tiras.

1 taza de berros.

1 chalota picada.

1 tomate picado.

6 tiras de beicon picadas.

1 lechuguita francesa troceada.

100 g de queso roquefort desmenuzado.

½ pechuga de pollo cocida, fría y picada.

1 huevo duro partido en cuartos.

Aderezo especial.

Para el aderezo especial

½ taza de aceite de oliva.

3 cucharadas soperas de vinagre de Jerez.

2 cucharaditas de zumo de limón.

1 diente de ajo picado.

1 cucharadita y media de sal.

½ cucharadita de mostaza seca.

1 cucharadita y media de salsa Worcestershire.

Preparación

— En una ensaladera poner mezcladas la lechuga y la chalota.

— Colocar las tiras de aguacate sobre la lechuga y alrededor de la ensaladera.

— Desperdigar el roquefort sobre la ensalada.

— Poner en el centro el pollo y el tomate picados.

— Adornar con el beicon y el huevo.

— Aliñar con el aderezo especial.

Ensalada de aguacate con boquerones

Ingredientes

1 aguacate.

16 boquerones limpios.

5 cucharadas de vinagre de Jerez.

El zumo de una naranja.

Aceite de oliva virgen extra.

Tomates cherry.

Cebollino picado.

Lechuguita francesa picada.

Sal, pimienta

Preparación

— Mezclar en un bol el zumo de naranja con el vinagre y un poco de pimienta molida.

— Introducir los lomos de los boquerones en la mezcla anterior, tapar con papel *film* y dejar en la nevera 12 horas.

— Transcurrido el tiempo de marinado, escurrir bien los boquerones, espolvorearlos con sal fina, perejil picado y rociarlos con un poco de aceite de oliva virgen.

— Pelar el aguacate y cortar en tiras gruesas.

— En una fuente, colocar las tiras del aguacate intercaladas con los boquerones marinados.

— Colocar los tomates alrededor y espolvorear con cebollino picado.

Ensalada de queso con aguacate

Ingredientes

150 g (en total) de queso de Burgos, queso manchego curado, queso Idiazábal y queso de Cabrales cortados en daditos.

2 aguacates cortados en tira.

1 huevo duro cortado en rodajas finas.

2 cucharadas de rábanos picados.

2 tomates cortados en rodajas.

Para la salsa

1 envase de crema de yogur sin azúcar.

1 cucharada sopera de vinagre de sidra.

1 cucharada sopera de perejil.

1 cucharadita de mostaza de Dijon.

1 cucharadita de albahaca.

Sal y pimienta.

Preparación

— Mezclar los quesos con todos los demás ingredientes.

— Añadir las tiras de aguacate al final.

— Decorar con las rodajas de tomate alrededor de la ensaladera.

— Mezclar los ingredientes de la salsa y batir hasta conseguir una textura suave.

— Aliñar la ensalada con la salsa.

Ensalada de cigalas y aguacate

Ingredientes

1 aguacate.
4 cigalas medianas.
2 hojas picadas de escarola.
½ tomate.
¼ de una cebolla.
Unas hebras de cebollino.

3 cucharadas soperas de aceite de oliva.
1 cucharada sopera de vinagre de Módena.
Pimienta negra y sal.

Preparación

— Pelar el aguacate y cortar la pulpa en láminas.
— Pelar el tomate y cortarlo en dados pequeños.
— Lavar y picar la escarola.
— Poner en un bol el aceite de oliva, el vinagre, la cebolla muy picada, el cebollino, la pimienta y la sal.
— Batir hasta ligar la vinagreta.
— Pelar las cigalas.
— Saltearlas en una sartén untada con una gota de aceite, medio minuto por cada lado, añadiéndole una pizca de sal.
— Decorar el fondo del plato en forma de corona con el aguacate fileteado.
— El en centro, depositar la escarola picada y, encima, el tomate.
— Colocar las cigalas entre el aguacate y el tomate.
— Aliñar con la vinagreta.

Ensalada de aguacate y cangrejo

Ingredientes

400 g de carne de cangrejo.
2 aguacates medianos cortados en rodajas.
2 tomates cortados en gajos.
6 cucharadas de mayonesa.
El zumo de medio limón.

2 cucharadas de cebolla muy picada.
1 cucharada de perejil muy picado.
Sal y pimienta al gusto.

Preparación

— Mezclar la carne de cangrejo con la mayonesa en un recipiente pequeño.
— Añadir la mitad del zumo de limón, la cebolla y el perejil.
— Salpimentar.
— Colocar esta mezcla de cangrejo en una fuente.
— Distribuir encima y alrededor los gajos de tomate y las rodajas de aguacate.

Ensalada de aguacate y mejillones

Ingredientes

2 aguacates cortados en medias lunas gruesas.
2 pimientos rojos naturales.
3 patatas.

18 mejillones.
Agua.
Aceite.
Sal.

Para la vinagreta

½ pimiento verde.
Aceite de oliva virgen.

Vinagre.
Sal, pimienta blanca.

Preparación

— Colocar los pimientos en la bandeja del horno, regar con aceite y salarlos. Hornearlos a 200° durante 25-30 minutos. Dejar que se enfríen y pelarlos.

— Poner a cocer las patatas en una olla con agua y sal. Dejar que se enfríen, retirarles la piel y cortarlas en rodajas.

— Limpiar los mejillones cerrados, ponerlos en una cacerola con un dedo de agua y sal hasta que se abran. Retirar la carne.

— Picar finamente el pimiento verde y ponerlo en un bol.

— Añadir al pimiento un poco de sal, un poco de pimienta blanca molida, un chorreón de aceite y un chorro de vinagre, y batir bien hasta que ligue.

— Colocar en el fondo de la ensaladera las rodajas de patata.

— Colocar las medias lunas de aguacate alrededor de las patatas.

— Colocar los pimientos rojos asados en tiras y distribuirlos en pequeños montoncitos sobre las patatas.

— Picar los mejillones y ponerlos en el centro.

— Sazonar y añadir la vinagreta.

Ensalada de aguacate
y sardinas al limón

Ingredientes

1 aguacate cortado en dados.

1 lata de sardinas en conserva.

2 tomates kumato partidos en trozos.

½ cebolleta cortada en aros.

El zumo de medio limón.

Aceite de oliva virgen extra.

Vinagre y sal.

Preparación

— En un bol mezclar el aguacate, los tomates y la cebolleta.

— Aliñar con el zumo de limón, el vinagre, el aceite de oliva y la sal, y remover.

— Añadir las sardinas en conserva, remover y servir.

Ensalada de aguacate, papaya y langostinos

Ingredientes

4 aguacates medianos cortados en cuadraditos.

½ papaya mediana cortada en cubitos.

½ kg de gambas cocidas y peladas.

1 pimiento morrón de lata cortado en tiras.

2 cucharadas soperas de pistachos machacados.

½ cebolla roja cortada en rodajas.

10 fresas cortadas por la mitad.

5 cucharadas soperas de aceite de oliva.

1 cucharada y media de vinagre de Jerez.

1 cucharadita de mostaza.

1 pizca de sal.

Preparación

— Mezclar en un recipiente grande el aguacate, la papaya, las gambas y el pimiento morrón. Salar.

— En un bol aparte, batir el aceite, el vinagre y la mostaza.

— Agregar a la ensalada y revolver cuidadosamente.

— Adornar con la cebolla y las fresas.

— Espolvorear con los pistachos.

Entrantes

Croquetas de aguacate

Ingredientes

5 lonchas de beicon finamente picado.

¼ de cebolla picada.

1 zanahoria muy picada.

200 g de carne de cerdo picada.

Sal y pimienta al gusto.

1 cucharadita de concentrado de carne (Bovril).

2 lonchas de jamón de York muy picado.

2 aguacates chicos.

½ taza de nata líquida.

3 huevos batidos.

Pan rallado.

Preparación

— Sofreír el beicon hasta que suelte la grasa y retirar el exceso.

— Incorporar la cebolla y sofreírla hasta que esté transparente.

— Añadir la zanahoria y sofreír hasta que cambie de color.

— Agregar la carne picada, la sal, la pimienta y el Bovril.

— En cuanto se haya cocido la carne, incorporar el jamón y reservar.

— Pasar por la batidora el aguacate con la nata y añadir esta crema a la preparación anterior.

— Rectificar de sal y pimienta.

— Formar las croquetas con dos cucharas.

— Pasar las croquetas por el huevo batido y por el pan rallado.

— Repetir esta misma operación con las croquetas.

— Freírlas en abundante aceite bien caliente.

Aguacates al cabrales

Ingredientes

4 aguacates.	*2 dientes de ajo.*
100 g de queso de Cabrales.	*2 manzanas.*
100 ml de sidra asturiana.	*Aceite de oliva.*
Tostadas de pan de campo.	*Sal.*

Preparación

— Pelar los aguacates, cortarlos en cuadraditos y ponerles un poco de aceite de oliva.

— Picar las manzanas peladas y el queso. Salar y mezclar con los aguacates.

— Para servir, poner la mezcla en un molde, hacer un hueco en el centro y ahí poner la sidra.

— Acompañar con las tostadas untadas con ajo y aceite.

Tartar de aguacate y mango con bacalao

Ingredientes

2 aguacates.	*100 g de bacalao ahumado.*
2 tomates.	*Perejil.*
1 mango.	*Aceite de oliva virgen extra.*
50 g de aceitunas negras sin hueso.	*Vinagre y sal.*

Preparación

— Pelar los aguacates y cortar en cuadraditos.

— Pelar los tomates, quitar las pepitas y cortar en cuadraditos.

— Pelar el mango y cortarlo en cuadraditos.

— Picar las aceitunas y poner todo en un bol. Añadir perejil picado y mezclar bien.

— Hacer la vinagreta con tres partes de aceite y una de vinagre, añadir sal y batir hasta que esté emulsionada.

— Aliñar la mezcla anterior con esta vinagreta y adornar con trocitos de salmón ahumado.

Huevos rellenos de aguacate con anchoas

Ingredientes.

4 huevos duros.

1 aguacate.

1 lata de anchoas en aceite.

Mayonesa.

Preparación

— Pelarlos, abrirlos por la mitad y sacar las yemas.

— Poner las yemas en un bol, menos una, que hay que reservar aparte.

— Pelar el aguacate, trocearlo y agregar las yemas.

— Escurrir bien las anchoas, picarlas y añadirlas a la mezcla anterior.

— Añadir una cucharada grande de mayonesa y estrujar con un tenedor, mezclando bien. Poner más mayonesa si hiciera falta.

— Rellenar los huevos con esta mezcla.

— Decorar con la yema reservada, rallándola con un rallador.

Pizza jardinera

Ingredientes

1 base para pizza.

1 aguacate cortado en láminas finas.

1 tomate cortado en láminas finas.

1 trozo (100 g aprox.) de calabaza cortada en láminas finas.

1 cebolla muy picada.

¼ de pimiento picado.

1 cucharada sopera de perejil picado.

3 cucharadas soperas de salsa de tomate.

100 g de queso gruyere rallado.

4 aceitunas negras.

1 cucharadita de aceite de girasol.

Preparación

— Calentar el horno a 230°.

— Poner el tomate, la calabaza, la cebolla y el pimiento en una ensaladera y añadir la salsa de tomate, removiendo suavemente.

— Cubrir la base de la *pizza* con la preparación anterior, formando una capa uniforme.

— Disponer encima las láminas de aguacate y las aceitunas.

— Esparcir el queso rallado.

— Engrasar con el aceite una bandeja de horno y colocar la pizza.

— Meter al horno durante 20 minutos aproximadamente (hasta que se dore el queso).

Vieiras con salsa
de aguacate

Ingredientes

24 vieiras.

1 bote de huevas de truchas.

3 aguacates maduros.

1 cebolla.

Aceite de oliva virgen.

125 ml de vino espumoso.

140 ml de nata para cocinar.

Caldo de ave.

Estragón.

Sal, pimienta.

Preparación

— Picar la cebolla y dorarla en aceite.

— Añadir unas hojas de estragón, el vino y reducir.

— Añadir la pulpa de los aguacates y triturar hasta conseguir una crema fina.

— Añadir caldo hasta conseguir la textura deseada y salpimentar.

— Calentar unas gotas de aceite en una sartén, añadir las vieiras y dorarlas a fuego fuerte durante un minuto por cada lado y salpimentar.

— Servir la vieiras con la salsa de aguacate por encima y decorarlas con las huevas de trucha.

Flan de aguacate y cangrejo

Ingredientes

3 aguacates maduros.
200 ml de mayonesa.
El zumo de 1 limón.
6 hojas de gelatina.
1 lata de carne de cangrejo.

2 cucharadas de kétchup.
Unas gotas de salsa Perrins.
Unas gotas de tabasco.
Cebollino.
Sal, pimienta.

Preparación

— Remojar la gelatina en agua fría y, una vez que esté blanda diluirla al baño María.

— Triturar los aguacates con la sal, la pimienta y el zumo de limón, y una vez conseguido un puré, mezclarlo con la gelatina y la mayonesa.

— Desmenuzar la carne de cangrejo y mezclarla con el kétchup, la salsa Perrins y el tabasco.

— En un molde, ligeramente engrasado con unas gotas de aceite, colocar en el fondo una capa de puré de aguacate, a continuación poner una capa de cangrejo, y de este modo ir alternando las capas hasta llenar el molde.

— Dejar en la nevera hasta que cuaje.

— Una vez cuajado, desmoldar y espolvorear con cebollino picado.

— Adornarlo con unas rodajitas de aguacate y cangrejo picado.

Crujientes de aguacate al horno

Ingredientes

2 aguacates grandes, cortados en tiras gruesas.

1/3 taza de harina.

Sal y pimienta.

1/2 cucharadita de chile en polvo.

2 huevos batidos.

1 taza de panko.

El zumo de medio limón.

Preparación

— Poner en un bol la harina, la sal, la pimenta y el chile en polvo, todo bien mezclado.

— Pasar las tiras de aguacate por esta mezcla.

— Pasar las tiras de aguacate enharinadas por los huevos batidos y cubrirlas de panko.

— Colocarlas en una bandeja de horno sobre una rejilla.

— Hornear a 220° durante 20 minutos.

Aguacate al pesto

Ingredientes

2 aguacates grandes cortados en láminas finas.

1/3 de taza de aceite de oliva virgen extra.

4 dientes de ajos picados.

100 g de hojas de albahaca fresca picada.

75 g de queso parmesano rallado.

Preparación

— Remover en un recipiente la albahaca, el ajo y el aceite de oliva hasta obtener una pasta.

— Incorporar el queso parmesano.
— Calentar esta pasta al baño María sin dejar de remover.
— Disponer en una fuente las láminas de aguacate.
— Verter encima la salsa caliente y servir enseguida.

Coliflor con gambas a la salsa de aguacate

Ingredientes

1 kg y medio de coliflor.	3 cucharadas soperas de mayonesa.
½ kg de gambas cocidas y peladas.	1 hoja de laurel.
3 cebolletas.	6 cucharadas de aceite de oliva.
2 aguacates maduros.	
1 cucharada sopera de salsa de tomate.	2 cdas. de vinagre balsámico.
	Sal.

Preparación

— Cocer al dente la coliflor troceada en una olla con agua, sal y una hoja de laurel.
— Escurrir y colocar en una fuente.
— Emulsionar el aceite con el vinagre y las cebolletas picadas.
— Aliñar la coliflor con esta emulsión.
— Colocar las gambas encima de la coliflor.
— Pasar por la batidora la pulpa de los aguacates con un chorrito de aceite de oliva, la mayonesa, la salsa de tomate y sal al gusto.
— Añadir por encima a la ensalada.

Fondos de alcachofas con aguacate

Ingredientes

8 fondos de alcachofas de lata.
1 aguacate maduro grande.
90 g de crema de queso.
4 aceitunas negras sin hueso cortadas por la mitad.
¼ de cebolla picada muy fina.

El zumo de un limón.
1 cucharada sopera de aceite de oliva.
1 ramita de hinojo.
Rodajas finas de limón.
Sal y pimienta blanca molida.

Preparación

— Batir la crema de queso con el aceite de oliva, la pulpa del aguacate, el zumo de limón, la sal y la pimienta.
— Escurrir los fondos de alcachofas y rellenar con el puré de aguacate.
— Adornar cada alcachofa con una mitad de aceituna, una rodaja de limón y una ramita de hinojo.

Aguacates rellenos de queso Idiazábal

Ingredientes

4 aguacates bien maduros cortados por la mitad a lo largo.
125 g de queso Idiazábal ahumado rallado muy finamente.

4 cdas. soperas de nata líquida.
1 cucharada sopera de vinagre de Módena.
4 lonchas de beicon cortadas en juliana.
Sal.

Preparación

— Pasar por la batidora el queso, la nata y el vinagre hasta conseguir una crema pastosa y sazonar.

— Freír el beicon unos segundos.

— Bañar parte de los aguacates con la crema de queso y, en las zonas sin cubrir, depositar las tiritas de beicon.

Aguacate asado con mozzarella

Ingredientes

1 aguacate.	*10 ml de aceite de oliva virgen*
Zumo de limón.	*extra.*
½ tomate.	*Orégano.*
Sal en escamas.	

Preparación

— Cortar el aguacate por la mitad, quitar el hueso y pincelar cada mitad con zumo de limón.

— Cortar la carne de las mitades haciendo un dibujo de rombos con cortes profundos que lleguen a la base.

— Escurrir la mozzarella y cortar dos trozos del mismo tamaño que las cavidades del aguacate y rellenarlas.

— Meter en el horno durante 15 minutos a 180°.

— Cuando esté hecho, colocar por encima el tomate cortado a cuadraditos, las escamas de sal, el orégano y regar con aceite de oliva virgen extra.

Rollitos de primavera de aguacate

Ingredientes

Pasta filo.

2 aguacates.

1 tomate.

½ cebolla morada.

El zumo de media lima.

Sal.

Preparación

— Cortar el tomate en cuadraditos.

— Cortar la media cebolla en cuadraditos muy finos.

— Estrujar la pulpa de los dos aguacates.

— Ponerlo todo en un bol y mezclar bien.

— Añadir el zumo de media lima, la sal y mezclar muy bien.

— Cortar la pasta filo en rectángulos y poner sobre ella una porción de la mezcla anterior, mojar los bordes de la pasta para que se selle bien y enrollar.

— Freír en aceite caliente.

— Acompañar con salsa tártara o mayonesa.

Pimientos rellenos de aguacate y gulas

Ingredientes

5 pimientos del piquillo (de lata).	*1 guindilla.*
1 aguacate.	*Mayonesa.*
1 paquete de gulas.	*Aceite de oliva.*
6 palitos de cangrejo.	*Sal.*
1 diente de ajo.	*Pimienta.*
	Perejil picado.

Preparación

— En una sartén con aceite, dorar los ajos con la guindilla y añadir las gulas, rehogar un poco y reservar.

— En un bol, mezclar las angulas con los palitos de cangrejo muy picados, el aguacate machacado y la pimienta y mezclar todo con un poco de mayonesa.

— Rellenar los pimientos y espolvorear con perejil picado.

Platos principales

Risotto de aguacate y tacos de salmón

Ingredientes

70 g de arroz.	½ limón.
1 aguacate.	½ mandarina.
200 g de salmón fresco.	Sal.
1 chalota.	Pimienta.
Hojas de menta.	Aceite de oliva virgen extra.

Preparación

— Picar la chalota y rehogarla en el aceite.

— Una vez rehogada, añadir el arroz y la sal.

— Remover bien y añadir agua para cocerlo.

— Después de 5 minutos añadir el aguacate machacado con un tenedor y aliñado con el limón y la mandarina.

— Cuando el arroz esté a punto de terminarse, añadir la menta picada.

— Por otro lado, en una sartén muy caliente, cocinar el salmón vuelta y vuelta.

— Poner el arroz en un plato y encima el salmón cortado en tacos.

— Terminar rociándolo con aceite de oliva.

Gallo en salsa de aguacate

Ingredientes

800 g de filetes de gallo.
2 cucharadas soperas de aceite de oliva.
1 cucharada sopera de salsa inglesa.

½ cucharadita de pimentón dulce.
2 dientes de ajo tronzados (machacados sin pelar).

Para la salsa

1 aguacate maduro cortado en daditos.
1 cucharada sopera de hierbabuena muy picada.
1 cucharada sopera de cebolla picada.

1 cucharadita de vinagre balsámico.
1 tomate cortado en cuadraditos.

Preparación

— Hacer una mezcla con el aceite de oliva, la salsa inglesa, el pimentón dulce y el ajo.
— Marinar en ella los filetes de gallo.
— Cocer a la parrilla.
— Hacer la salsa mezclando bien todos los ingredientes destinados para ella.
— Poner los filetes de pescado en una fuente y servir por encima la salsa de aguacate.

Costillas de ternera en salsa de aguacate y brandy

Ingredientes

6 costillas de ternera.

3 tazas de caldo de pollo.

1 taza de zumo de naranja.

5 cdas. soperas de brandy.

3 cdas. de cilantro picado.

½ guindilla.

1 aguacate grande.

Sal y pimienta al gusto.

Aceite de oliva.

Preparación

— Salpimentar las costillas y freírlas en aceite bien caliente.
— Poner en la batidora el caldo, el zumo de naranja, el brandy, el cilantro, la pulpa del aguacate y la guindilla.
— Batir hasta conseguir una crema suave.
— Poner las costillas en una fuente y cubrirlas con la mezcla anterior.
— Servir con verduras salteadas o arroz blanco.

Aguacates al horno rellenos de salmón y huevo

Ingredientes

2 aguacates.
100 g de salmón ahumado.
4 yemas de huevo.
Sal.

Pimienta.
Pimentón dulce.
Eneldo.

Preparación

— Partir los aguacates por la mitad, a lo largo, retirar los huesos y colocar en una fuente de horno.
— Cortar el salmón en lonchas del tamaño del hueco del hueso, y colocarlas ahí.
— Colocar las yemas sobre el salmón y salpimentar.
— Meter en el horno durante 10 minutos a 180°.
— Una vez hechos, espolvorear con el pimentón y el eneldo.
— Servir de inmediato.

Crema de pepino y aguacate con bacalao

Ingredientes

1 pepino.	*Aceite de oliva virgen.*
2 aguacates.	*1 cda. de vinagre de Módena.*
50 g de queso mascarpone.	*½ vaso de gua.*
200 g de yogur griego sin azúcar.	*2 lomos de bacalao.*
100 ml de nata para cocinar.	*1 puñado de harina.*
5 chalotas.	*1 puñado de pan rallado.*
1 almendras fileteadas.	*1 huevo.*
1 cucharada de vinagre de Jerez.	*Perejil.*
	Sal.
	Pimienta.

Preparación

— Poner en el vaso de la batidora el pepino, la pulpa de los aguacates, el queso mascarpone, el yogur, la nata, las chalotas, las almendras, el vinagre de jerez, el vinagre de Módena, la sal y el medio vaso de agua, triturar todo muy bien y poner en la nevera.

— Pasar el bacalao por huevo, después por el pan rallado y freír en el aceite.

— Verter en un plato hondo la crema y encima colocar el bacalao rebozado adornado con perejil.

Ceviche de corvina
con aguacate y mango

Ingredientes

Los lomos limpios de una corvina.

1 aguacate.

½ mango.

4 ramas de cilantro.

½ cebolla morada.

1 cucharadita de jengibre fresco picado.

1 guindilla.

1 limón y 2 limas.

Pimienta blanca molida.

Sal en escamas.

Aceite de oliva.

Preparación

— Pelar, cortar el aguacate en cuadraditos y ponerlo en un bol con un poco de zumo de lima.

— Pelar, cortar el mango en cuadraditos y ponerlo en el bol junto con el aguacate.

— Picar el cilantro y el jengibre y añadir al bol con el aguacate y el mango.

— Pelar la media cebolla morada en juliana muy fina, ponerla en un bol con agua fría durante 5 minutos. Después escurrirla y añadir al bol.

— Quitar los tallos al cilantro, picarlo y añadir al bol.

— Cortar la guindilla en rodajas muy finas y ponerlas también en el bol.

— Añadir la pimienta blanca molida, una pizca de sal y un chorrito de aceite de oliva. Remover bien.

— Cortar los lomos de la corvina en dados de 1 cm aproximadamente y mezclarlos con los ingredientes del bol. Dejar que reposen juntos un par de minutos.

— Exprimir las limas y el limón y añadir al bol, removiendo muy bien de manera que el pescado quede sumergido.

— Dejar en la nevera unos 10 minutos, hasta que el pescado se vuelva de color blanco, y servir inmediatamente.

Postres

Crema de aguacate con grosellas

Ingredientes

3 aguacates maduros.	*Hielo.*
250 g de leche condensada.	*Grosellas.*
1 pizca de canela.	*Hojas de menta.*
1 vaso de agua.	

Preparación

— Pelar, deshuesar y trocear los aguacates.
— Ponerlos en un bol con la leche condensada.
— Pasar todo por la batidora hasta obtener una crema fina.
— Servir en copas individuales con unos cubitos de hielo y grosellas en el fondo.
— Decorar con grosellas y unas hojitas de menta.

Mousse de aguacate en merengue

Ingredientes

5 aguacates.	*6 claras de huevo.*
1 medida de yogur de azúcar.	*2 medidas de yogur de azúcar.*
2 medidas de yogur de nata líquida.	

Preparación

— Poner en un bol la pulpa de los aguacates y el azúcar (una medida de yogur) y batir con la batidora hasta conseguir una masa cremosa.

— Añadir la nata liquida, batir dos minutos más y enfriar en la nevera.

— Cubrir una bandeja con papel de horno.

— Montar las claras a punto de nieve, añadiendo poco a poco el azúcar (dos medidas de yogur).

— Poner el merengue en una manga pastelera y crear unas cestitas sobre la bandeja.

— Hornear el merengue media hora a 180° hasta que se doren.

— Rellenar las cestitas con la mousse de aguacate y servir.

Brownies de aguacate

Ingredientes

400 g de chocolate fondant *o cobertura negra.*	*80 g de miel.*
	20 g de cacao en polvo.
4 huevos.	*25 g de azúcar.*
2 aguacates.	*25 g de harina.*

Preparación

— Fundir el chocolate y dejar que enfríe un poco.

— Sacar la pulpa del aguacate y aplastarla hasta obtener un puré.

— Agregar este puré al chocolate fundido y remover hasta conseguir una mezcla homogénea.

— Verter sobre un molde forrado con papel de horno.

— Meter en el horno a 180° durante 25 minutos.

— Dejar reposar una hora y cortar los *brownies* al tamaño deseado.

Crema de aguacate con almendras

Ingredientes

1 vaso de leche de almendras.
La pulpa de 2 aguacates pequeños y maduros.

2 manzanas peladas y sin semillas.
2 cucharadas soperas de miel.
Almendras picadas.

Preparación

— Pasar todos los ingredientes por la batidora hasta conseguir una mezcla homogénea.
— Espolvorear con las almendras picadas y servir bien frío.

Tarta de aguacate

Ingredientes

2 aguacates.
10 galletas «María».
50 g de mantequilla.
3 hojas de gelatina.

100 g de azúcar.
250 g de nata montada.
Limón.
Fresas.

Preparación

— Fundir la mantequilla a fuego lento en una sartén.
— Añadir poco a poco las galletas trituradas.
— Pasar por la batidora la pulpa de los aguacates y rociar con limón.
— Disolver en agua caliente las hojas de gelatina.
— Añadir el azúcar, los aguacates triturados y la nata montada, removiendo bien.

— Colocar en un molde la pasta de galletas.
— Poner encima la crema de aguacate.
— Meter en la nevera.
— Adornar con trozos de aguacate y unas fresas por la mitad.

Crema de aguacate, chocolate y dátiles

Ingredientes

1 aguacate grande o dos pequeños.	5 ml de vainilla líquida.
1 plátano maduro.	150 ml de leche de almendras.
1 naranja.	1 cucharadita de miel (opcional).
40 g de dátiles deshuesados.	Avellanas picadas.
25 g de cacao en polvo.	Frambuesas.
50 g de chocolate negro.	Sal.

Preparación

— Sacar la pulpa de los aguacates.
— Fundir el chocolate negro.
— En el vaso de la batidora poner la pulpa del aguacate, los dátiles, el cacao en polvo, la vainilla, ralladura de naranja, una cucharada de zumo de naranja, el plátano pelado y en trozos y el chocolate negro fundido. Batir todo hasta conseguir una crema totalmente homogénea.
— Añadir, poco a poco, la leche de almendras, poniendo más o menos cantidad, según nos guste, y volver a batir hasta conseguir una textura cremosa.
— Repartir en copas, tapar con papel film y dejar en la nevera al menos 1 hora.
— Servir con frambuesas, avellanas picadas y ralladura de naranja.

Macarons de aguacate

Ingredientes

200 g de azúcar glass.
100 g de almendras molidas.
3 claras de huevo.
1 pizca de sal.
40 g de azúcar.

1 cucharadita de extracto de vainilla.
3 aguacates pequeños.
Colorante verde.

Preparación

— Mezclar bien el azúcar glass y las almendras molidas.
— Hacer el merengue montando las claras a punto de nieve con una pizca de sal.
— Añadir al merengue, poco a poco, los 40 g de azúcar normal y batir bien.
— Añadir el extracto de vainilla y remover bien.
— Añadir 5 o 6 gotas de colorante verde y remover hasta integrarlo bien.
— Introducir la mezcla en una manga pastelera con boquilla redonda.
— Sobre la bandeja de horno forrada con papel de horno, verter pequeñas porciones como del tamaño de monedas.
— Dejar reposar media hora hasta que se sequen un poco.
— Meter en el horno 10 minutos a 175°.
— Mientras tanto, hacer el relleno, pasando por la batidora la pulpa de los aguacates con una pizca de sal y unas gotitas de limón.
— Cuando se enfríen los *macarons,* hacer bocaditos con cada dos, rellenándolos con la crema de aguacate.

Polos de aguacate y lima

Ingredientes

1 aguacate cortado en cubitos.
El zumo y la ralladura de
medio limón.
5 hojas de menta.

3 cucharaditas de agave o
sirope de arce.
100 ml de agua.

Preparación

— Mezclar todos los ingredientes con la batidora.
— Poner la mezcla en moldes para helados.
— Meter en el congelador mínimo 4 horas.

Bebidas

Bebida espumosa de aguacate, yogur y naranja

Ingredientes

1 aguacate cortado en trozos grandes.

El zumo (colado) de dos naranjas.

1 cucharadita de miel líquida.

1 pizca de canela molida.

2 cucharaditas de yogur natural.

Hielo picado.

Rodajas finas de naranja.

Preparación

— Pasar por la batidora el aguacate, el zumo de naranja, la miel, la canela y el yogur hasta obtener una mezcla perfectamente homogénea.

— Servir en copas y añadir el hielo picado.

— Colocar a caballo, sobre el borde de las copas, las rodajas de naranja.

Cóctel tropical

Ingredientes

1 aguacate cortado en dados grandes.

1 plátano cortado en rodajas.

1 papaya.

2 cucharaditas de miel líquida.

2 cucharaditas de coco rallado.

8 hojas de menta fresca.

2 cucharadas soperas de zumo de naranja natural.

Cerezas en almíbar.

Preparación

— Poner en la batidora el aguacate, el plátano y la pulpa de la papaya, la miel, el coco y el zumo de naranja hasta que la mezcla esté perfectamente lisa y cremosa.

— Servir en copas y adornar con la menta y las cerezas en almíbar.

Cóctel esmeralda

Ingredientes

1 aguacate cortado en trozos grandes.

2 cucharaditas de miel líquida.

50 centilitros de leche.

4 cucharadas soperas de helado de vainilla.

Canela en polvo.

Preparación

— Poner el aguacate, la miel, la leche y el helado de vainilla en la batidora hasta conseguir una mezcla homogénea.

— Servir en copas.

— Espolvorear con la canela.

Cóctel de aguacate y menta

Ingredientes

½ taza de leche condensada.

1 taza de leche entera.

1 aguacate y medio en puré.

1 cda. sopera de licor de menta.

Hojas de hierbabuena.

Hielo picado.

Preparación

— Pasar por la licuadora la leche condensada, la leche entera, el aguacate en puré y el licor de menta hasta que la mezcla esté fina y homogénea.

— Añadir helo picado y remover.

— Servir en copas.

— Adornar con las hojas de hierbabuena.

Cóctel de aguacate y plátano

1 aguacate grande cortado en trozos grandes.

1 plátano cortado en rodajas.

2 cucharaditas de miel líquida.

1 cucharadita de extracto de vainilla.

75 cl de leche.

Nuez moscada.

Preparación

— Pasar por la batidora el aguacate, al plátano, la miel, la vainilla y la leche hasta obtener una mezcla lisa y cremosa.

— Servir en vasos grandes.

— Espolvorear con nuez moscada.

Cóctel de aguacate antillano

Ingredientes

½ taza de leche condensada.

1 taza de leche.

1 cucharada sopera de ron.

½ aguacate en puré.

Hielo al gusto.

Preparación

— Pasar por la licuadora el hielo y todos los ingredientes excepto el aguacate.

— Licuar hasta que el hielo se triture bien.

— Sacar la mitad de la mezcla y reservarla.

— Licuar el aguacate con la otra mitad de la mezcla.

— Servir en una copa la mitad de la mezcla del aguacate.

— Encima, cuidando de que no se mezcle, poner la otra mitad.

Batido de aguacate

Ingredientes

1 aguacate mediano.
1 taza de leche.
Azúcar al gusto.

Cubitos de hielo.
Rodajas de limón.

Preparación

— Mezclar todos los ingredientes en la licuadora.
— Servir en vaso.
— Incorporar el hielo.
— Adornar con las rodajas de limón.

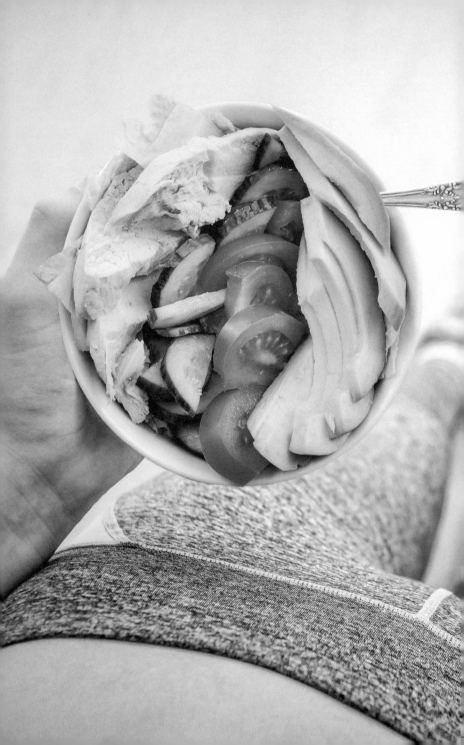

Tablas nutricionales

Composición química
por 100 gramos de aguacate

Calorías	Hidratos de Carbono	Proteínas	Grasas	Agua	Fibra
160 cal	5,9 g	1,7 g	15,4 g	75 g	1,6 g

Composición en ácidos grasos
en 100 gramos de aguacate

Saturados	Monoinsaturados	Poliinsaturados
2,2 g	8,9 g	1,7 g

Cuadro comparativo en ácidos grasos
entre el aceite de oliva y el aceite de aguacate
en 100 gramos.

Aceite	Saturados	Monoinsaturados	Poliinsaturados
Oliva	14 g	72 g	9 g
Aguacate	10 g	78 g	10 g

Valor vitamínico y aporte nutricional en 100 gramos de aguacate

Vitaminas	Contenido	RDA (*)	% de las RDA cubiertas por 100 g de aguacate
Vitamina A	85,00 ug	900,00 ug	9,4
Vitamina D	10,00 ug	5,00 ug	200,0
Vitamina E	3,00 ug	9,00 mg	33,0
Vitamina K	8,00 ug	110,00 ug	7,3
Vitamina B1	0,11 mg	1,40 mg	7,8
Vitamina B2	0,20 mg	1,60 mg	12,5
Vitamina B6	0,45 mg	2,10 mg	21,4
Niacina	1,60 mg	16,00 mg	10,0
Ac. Pantoténico	1,00 mg	5,50 mg	18,2
Biotina	10,00 ug	100,00 ug	10,2
Ácido Fólico	32,00 ug	200,00 ug	16,0
Vitamina C	14,00 mg	60,00 mg	23,3

(*) Valores promedios recomendados para adultos.

Valor mineral y aporte nutricional en 100 gramos de aguacate

Minerales	Contenido en 100 g de aguacate	Necesidades diarias	% de necesidad cubierta por 100 g de aguacate
Calcio	10,0 mg	800,0 mg	1,25 mg
Hierro	1,06 mg	15,0 mg	7,06 mg
Fósforo	40,0 mg	800,0 mg	5,0 mg
Cobre	0,35 mg	1,7 mg	20,58 mg
Magnesio	41,0 mg	300,0 mg	13,66 mg
Manganeso	2,30 mg	3,5 mg	65,71 mg
Sodio	4,0 mg	3450,0 mg	0,12 mg
Potasio	463,0 mg	4900,0 mg	9,45 mg